Yves-Alexandre Thalmann

Caderno de exercícios de

eficácia pessoal

Ilustrações de Jean Augagneur

Tradução de Francisco Morás

Petrópolis

© Éditions Jouvence S.A., 2013.
Chemin du Guillon 20
Case 143
CH-1233 — Bernex
http://www.editions-jouvence.com
info@editions-jouvence.com

Tradução realizada a partir do
original em francês intitulado
*Petit cahier d'exercices
d'efficacité personnelle*

Direitos de publicação em
língua portuguesa — Brasil:
2017, Editora Vozes Ltda.
Rua Frei Luís, 100
25689-900 Petrópolis, RJ
www.vozes.com.br
Brasil

Todos os direitos reservados.
Nenhuma parte desta obra poderá
ser reproduzida ou transmitida
por qualquer forma e/ou quaisquer
meios (eletrônico ou mecânico,
incluindo fotocópia e gravação)
ou arquivada em qualquer sistema
ou banco de dados sem permissão
escrita da editora.

CONSELHO EDITORIAL
Diretor
Gilberto Gonçalves Garcia

Editores
Aline dos Santos Carneiro
Edrian Josué Pasini
Marilac Loraine Oleniki
Welder Lancieri Marchini

Conselheiros
Francisco Morás
Ludovico Garmus
Teobaldo Heidemann
Volney J. Berkenbrock

Secretário executivo
Leonardo A.R.T. dos Santos

Editoração: Leonardo A.R.T. dos Sant◦
Projeto gráfico: Éditions Jouvence
Diagramação: Sheilandre Desenv. Gráfi◦
Revisão gráfica: Fernando Sergio
Olivetti da Rocha
Capa/ilustrações: Jean Augagneur
Arte-finalização: Editora Vozes

ISBN 978-85-326-5641-4 (Brasil)
ISBN 978-2-88911-293-7 (Suíça)

Este livro foi composto e impresso pel◦
Editora Vozes Ltda.

Dados Internacionais de Catalogação na Publicação (CIP)
(Câmara Brasileira do Livro, SP, Brasil)

Thalmann, Yves-Alexandre
 Caderno de exercícios de eficácia pessoal /
Yves-Alexandre Thalmann ; ilustrações de Jean Augagneur ;
tradução de Francisco Morás. — Petrópolis, RJ : Vozes,
2017. — (Coleção Praticando o Bem-estar)

 Título original em francês: Petit cahier d'exercices
d'efficacité personnelle

 3ª reimpressão, 2022.

 ISBN 978-85-326-5641-4

 1. Autoeficácia 2. Autorrealização I. Augagneur, Jean.
II. Título. III. Série.

 17-08610

CDD-158.1

Índices para catálogo sistemático:
1. Autoeficácia : Psicologia   158.1

O que é a eficácia?

Obter o máximo de resultado com o mínimo de esforço, substancialmente nos dizem os dicionários.

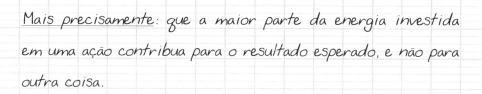

Mais precisamente: que a maior parte da energia investida em uma ação contribua para o resultado esperado, e não para outra coisa.

Exemplo: As velhas lâmpadas incandescentes transformavam 90% da eletricidade em calor, ao passo que sua função era iluminar. Ao contrário, as novas LED convertem praticamente toda a energia absorvida em luz. Daí seu excelente rendimento energético.

O objetivo deste **Caderno de exercícios** é ajudá-lo a tornar-se mais eficaz em seu cotidiano, para que suas decisões e ações contribuam plenamente para uma vida mais bela, tal como você a deseja.

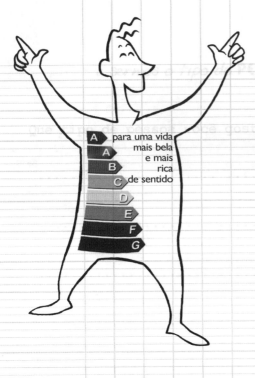

Observação: aqui, o termo "eficácia" não tem nada a ver com o princípio orientador de nossa sociedade de consumo, que visa a tornar os trabalhadores mais eficientes em detrimento de sua saúde e de seu bem-estar! Gestores em busca de artimanhas para pressionar ainda mais os empregados, este não é nosso caminho...

I - Onde você perde em eficácia?

Antes de começar, repertorie as fontes de desperdício de energia conhecidas em sua vida (à imagem de uma casa com um bom sistema de aquecimento, mas sem o devido isolamento).

O que torna você menos eficaz?

Por exemplo:

- quando eu relembro todas as possíveis razões que poderiam fazer fracassar meus projetos;

- quando faço mil coisas ao mesmo tempo sem concluir nenhuma delas.

Sua vez:

-...

-...

-...

-...

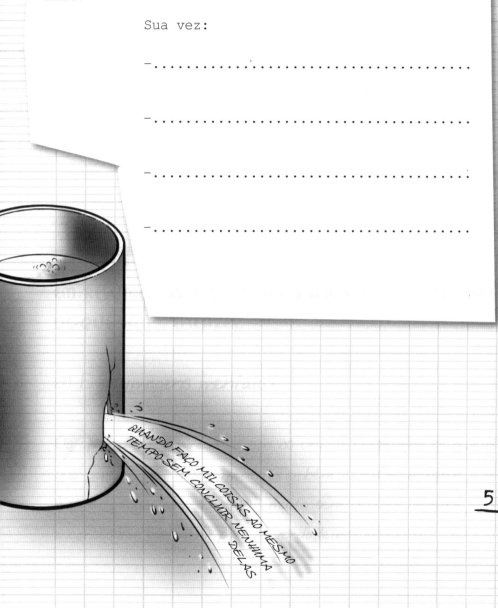

Para completar o exercício precedente, responda às seguintes questões:

- De forma geral, seria eficaz preocupar-se? ☐ sim ☐ nã

- Seria eficaz preocupar-se antecipadamente, enquanto que nem sempre podemos ter a certeza de que o acontecimento finalmente vai se produzir? ☐ sim ☐ nã

- Seria eficaz comentar mentalmente o que você está em via de fazer com expressões como estas: "É duro demais", "Por que as coisas são assim?" etc.? ☐ sim ☐ nã

- Seria eficaz fazer mentalmente um julgamento sobre você mesmo ou sobre os outros do tipo: "Sou uma nulidade!", "Que imbecil!" etc.? ☐ sim ☐ nã

- Seria eficaz lutar mentalmente contra aquilo que nos acontece imaginando: "Isto é injusto", "Isto nunca deveria ter-me acontecido"? ☐ sim ☐ nã

- Seria eficaz lutar contra as emoções dizendo: "Eu jamais deveria ficar com raiva", "Não quero que os outros percebam que fui atingido", "O que não funciona em mim?" etc.? ☐ sim ☐ nã

- Seria eficaz arrepender-se, culpabilizar-se e pensar: "Eu jamais deveria ter feito isto", "Foi culpa minha..." etc. ☐ sim ☐ nã

Aparentemente, como a maioria das pessoas, você deve preenchido os quadradinhos com as respostas NÃO.

Na verdade, nenhuma dessas atitudes é eficaz! Elas não mudam estritamente nada da realidade. E são completamente inúteis para levá-lo a uma vida mais bela e mais rica de sentido.

ENTRETANTO, ISSO NÃO É NENHUMA NOVIDADE PARA VOCÊ

Por outro lado, o simples fato de sabê-lo não fez com que você mudasse.

Felizmente, este **Caderno de exercícios** vai ajudá-lo... eficazmente.

Antes de continuar, reflita ainda sobre os métodos que você já pôs em prática para tentar mudar alguma coisa em sua vida. Qual era o princípio ativo destes métodos?

Métodos	Princípio ativo	Duração	Eficácia	
			sim	não
Regime alimentar: não comer mais chocolate	A VONTADE	3 dias		
Praticar 30 minutos de meditação diária	A VONTADE	2 semanas	☐	☐
Pensar positivamente	A VONTADE	1 hora	☐	☐
Sua vez:			☐	☐
-			☐	☐
-			☐	☐
-			☐	☐
-			☐	☐
-			☐	☐
-			☐	☐
-			☐	☐

Na terceira coluna, aponte por quanto tempo você conseguiu manter os novos comportamentos (por exemplo, 3 dias) – **E nada de trapaças!** – e, na última, anote se o método foi eficaz para levar a uma mudança **duradoura** em sua existência (SIM ou NÃO).

Métodos	Princípio ativo	Duração	Eficácia	
			sim	não
			☐	☐
			☐	☐
			☐	☐
			☐	☐
			☐	☐
			☐	☐
			☐	☐

Sua constatação:

Constatação geral: os métodos baseados na **VONTADE** para mudar alguma coisa em nossa vida geralmente são eliminados pelo **status quo**, em pouco tempo. Este fracasso leva a autojulgamentos negativos sobre si ("realmente sou um incapaz"), bem como sentimentos de desespero e de culpabilidade.

Em uma palavra: a maioria destes métodos à base de resoluções fundadas unicamente na vontade não são eficazes. Eles fracassam na tentativa de tornar duravelmente nossa vida mais bela!

Você não acha que é hora de mudar de rumo?

E se você, ao invés de **LUTAR CON-TRA** o que o incomoda, começasse a aceitá-lo?

E se você, ao invés de persistir querendo mudar, começasse a realizar pequenas ações indo **NO SENTIDO** daquilo que você tem vontade de encarnar?

Este é o caminho proposto neste **Caderno de exercício**. Ele se inspira nos princípios da terapa **ACT** (ACceptatic et engagement em francês, Aceptance ar Commitmer Therapy, em inglês

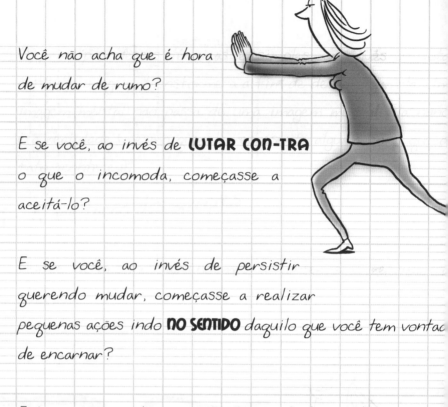
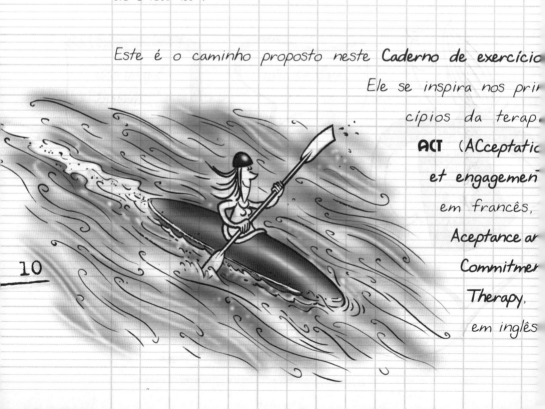

Esta terapia foi desenvolvida, entre outros, pelos psicólogos Steve Hayes, Kelly Wilson e Russ Harris, baseados em pesquisas científicas. Seu objetivo é promover a **FLEXIBILIDADE PSICOLÓGICA**, notadamente favorecendo uma maneira de viver com seus sentimentos e pensamentos difíceis, diferente do enfrentamento.

Nas páginas que seguem, você encontrará uma série de ferramentas de eficácia pessoal adaptadas à vida cotidiana.

Para aprofundar esta abordagem, recomendamos o seguinte livro: **Le piège du bonheur: créez la vie que vous voulez** [A armadilha da felicidade: construa a vida que você quer], de Russ Harris (Les Éditions de l'Homme, 2010).

Para evitar equívocos:

A eficácia pessoal traduz a ideia de que a energia investida em uma ação contribui para o melhor resultado almejado. Isso não tem nada a ver com:

- ter êxito em tudo o que você começa;
- controlar sua vida;
- desenvolver seu poder pessoal;
- ser capaz de influenciar os outros para obter o que você quer.

Situação

Alguém lhe pediu que fizesse um breve discurso por ocasião da próxima reunião de...

Mesmo detestando falar em público, você aceitou. Mas, no exato instante em que aceitou, mentalmente já se arrependeu: "Como fui cometer tamanha imbecilidade? Por que fui dizer sim? Mais uma das minhas cretinices! Ainda posso cair fora. Mas se eu desistir agora, todos vão perceber que não sou uma pessoa confiável..."

À medida que o tempo passa, você fica mais inquieto: "Todos vão perceber que sou uma nulidade. Vou ficar nervoso e começarei a gaguejar. Seria melhor renunciar. Que se dane..."

Essas preocupações podem surgir ao longo do dia. Mas é à noite, sobretudo antes de dormir, que o tormento pode aumentar. E se, por desgraça, você acordar no meio da noite, aí é que o sono vai para as "cucuias"...

Agora você está ansioso, sente uma espécie de pressão na boca do estômago e tensões quase permanentes na nuca. Então decide lançar-se ao trabalho e preparar seu discurso. "Mas por que fui aceitar isto? O que vou dizer?"

Vendo seu estado de ânimo piorar, seus amigos lhe dão alguns conselhos, notadamente: "Não se deixe abater", "Pegue o touro pelos chifres". Reanimado, você então pensa consigo: "É verdade, eles têm razão, já passei por outras... Por que ser tão emotivo? O que se passa comigo?"

Chegou enfim o grande dia. Você passou a noite inteira em claro, repetindo seu discurso, mas exposto a um estresse que não consegue eliminar. Você tenta contê-lo, angustiando-se ainda mais: "Por que não consigo relaxar? Afinal, não é o fim do mundo..."

A hora fatídica está chegando. Seu coração bate mais forte; uma espécie de falta de ar o invade, a transpiração escorre pelas axilas; as mãos tremem... "Meu Deus, todo mundo vai perceber meu estresse! Todos vão perceber as manchas da transpiração em minha camisa... Vai ser uma gozação geral..."

Você sobe sobre o estrado. Um microfone lhe é oferecido. Sua atenção neste instante se volta totalmente para os seus próprios sintomas de nervosismo. Você tenta disfarçar... e acaba esquecendo completamente o que pretendia falar. Começa então a gaguejar, e o pior pesadelo de sua vida está em via de consumar-se...

Cenário CATASTRÓFICO

Em sua opinião, por que o temido cenário catastrófico se concretizou?

Sua análise:

....
....
....

Se você pensa que é **PORQUE** não sabe falar em público, sua conclusão é equivocada. Se a causa estivesse na falta de competência ou de treinamento, bastaria então inscrever-se em um curso de oratória, ou seja, de expressão teatral...

Uma parte do problema reside nestes pensamentos que acompanham o processo e que enfraquecem a energia e a motivação:

"Como sou imbecil!"

"Como fui cometer tamanha imbecilidade?"

"Mais uma das minhas cretinices!"

"Todos vão perceber que sou uma nulidade."

"Vou ficar nervoso e começarei a gaguejar."

"Seria melhor renunciar."

"Por que sou tão emotivo?"

"O que se passa comigo?"

"Por que não consigo relaxar?"

"Vai ser uma gozação geral..."

Todos esses pensamentos geram estresse, que se traduz em tensões físicas (crispações na nuca), em perturbações do sono e, no momento crucial, tornam inacessíveis os elementos memorizados do discurso.

A raiz do problema está, portanto, em todos **ESSES PENSAMENTOS NEGATIVOS.**

Descreva algumas situações nas quais seus pensamentos negativos contribuíram para o fracasso de seus projetos, ou, pelo menos, perturbaram seu bom andamento:

1. ....

....

....

2. ....

....

....

3. ....

....

....

4. ....

....

....

....

5. ....

....

....

OS PENSAMENTOS NEGATIVOS REDUZEM DE MANEIRA EVIDENTE A EFICÁCIA DE NOSSAS AÇÕES

Por consequência, basta afastar estes pensamentos negativos...

A PARTIR DE AGORA NÃO PENSE MAIS QUE VAI FRACASSAR, NÃO PENSE MAIS QUE É DIFÍCIL, NÃO PENSE MAIS QUE NÃO ESTARÁ À ALTURA

NÃO PENSE MAIS NEGATIVAMENTE. DIGA A SI MESMO: EU POSSO!

O fato é que as coisas não são bem assim! Você não pode decidir nunca mais ter este tipo de pensamento! Você não pode decidir sempre pensar positivamente em todas as circunstâncias futuras! Você não pode afastar determinados pensamentos de sua mente por um simples ato da vontade!

Quer apostar?

<u>Primeiro desafio</u>: não pense em um bolo de chocolate no próximo minuto.

Perdeu! Você ainda está pensando...

Segundo desafio: mantenha no próximo minuto sua mente vazia de todo pensamento.

Mais uma vez você perdeu!

Temos de nos render à evidência:

Não podemos controlar todos os nossos pensamentos.

Não escolhemos todos os nossos pensamentos.

Nosso psiquismo tem uma atividade mental autônoma.

Determinados pensamentos aparecem espontaneamente em nossa mente.

O encadeamento de pensamentos acontece de maneira contínua, contra a nossa vontade.

Todas as frases acima são sinônimas. Sublinhe a que lhe fala mais alto. E redija com suas próprias palavras uma que traduza a mesma ideia.

....

....

A esta altura devo comunicar-lhe uma inevitável notícia desagradável: não existe nenhum método para calar definitivamente os pensamentos que emergem espontaneamente em nosso psiquismo.

Mesmo que você tente transformar seus pensamentos negativos em pensamentos positivos, sempre surgirão pensamentos negativos em sua mente.

Mas há uma boa notícia: embora não possamos impedir que os pensamentos surjam espontaneamente em nossa mente, em particular os negativos, podemos **não lhes dar atenção**.

Se os pensamentos são como uma espécie de fundo sonoro de um aparelho de música ligado, nada impede que desliguemos esse aparelho. Mas também podemos deixá-lo ligado, com uma música de fundo, sem lhe dar muita atenção. Assim será possível **ESQUECER O BARULHO PRODUZIDO**.

NOSSOS PENSAMENTOS SÃO COMO HÓSPEDES DE PASSAGEM NÃO CONVIDADOS. ALGUNS SÃO AGRADÁVEIS, OUTROS INDESEJÁVEIS. MAS, A PARTIR DO MOMENTO EM QUE ELES NOS APARECEM, NÃO TEMOS MAIS O PODER DE DESALOJÁ-LOS.

Não tentemos lutar contra os pensamentos negativos, querendo, por exemplo, suprimi-los, tampouco buscar a qualquer preço substituí-los por pensamentos positivos. Tentemos observá-los e tolerá-los da forma como eles realmente são, como acontecimentos psíquicos, sem dar-lhes mais atenção do que merecem. Consideremos nossos pensamentos como nuvens se movendo no céu azul de nosso espírito...

Existem, de fato, um eu observador (a consciência) e um eu pensante (o que produz pensamentos). O importante aqui é dar mais atenção ao primeiro.

> **Conselho:**
>
> Esta maneira de proceder chama-se meditação, meditação da consciência plena, *mindfulness*.
>
> Mas não o repita, pois corremos o risco de pensar que você se tornou monge budista ou foi recrutado por alguma seita!

Qual é o segredo para chegar lá?

A terapia ACT (terapia de aceitação e engajamento) fala de "des-fusão", ou de "desamalgamar": não aderir ao pensamento, tomar distância dele, não lhe conferir outra realidade além daquilo que ele realmente é: algumas palavras, alguns sons em nosso mundo psíquico.

UMA IDEIA NÃO PASSA DE UM PENSAMENTO, JAMAIS A REALIDADE QUE ELE É TIDO POR REPRESENTAR!

Pensar em um sanduíche nunca alimentou ninguém...

Opa! Penso (como autor deste caderno de exercícios) ter intuído uma dúvida em você...

A dificuldade de convencer-se de que os pensamentos não controlam os comportamentos. É isso mesmo?

Então, tentemos a seguinte experiência:

Pense bem alto:

EU NÃO POSSO ERGUER MEU BRAÇO DIREITO.

Mas em seguida o ergue.

Constatação:

OS PENSAMENTOS NÃO CONTROLAM OS COMPORTAMENTOS.

Você pode treinar com outros pensamentos e verá que isso funciona...

A pequena voz em sua cabeça que comanda a sua vida (que alguns denominam psiquismo) não controla seus comportamentos... exceto quando você lhe concede este poder.

II - A fusão

a) O que é a fusão?

Fundir é amalgamar, unificar, abolir a diferença.

> Quanto ao psiquismo, a fusão é o estado no qual o pensamento e o que ele representa não são mais diferenciados. O pensamento **tornou-se** então o acontecimento ou o objeto que ele simboliza. Eles se amalgamaram.

Por exemplo: em estado de fusão, o pensamento do tipo "os outros são melhores do que eu" é tido por uma verdade inegável. Em estado de "des-fusão", de "desamalgamento", este pensamento não passa de uma ideia que representa um ponto de vista momentâneo e que não representa necessariamente um vínculo com a realidade.

O que acontece quando os pensamentos são amalgamados com a realidade?

→ os pensamentos são considerados verdadeiros: cremos neles totalmente;

- os pensamentos já são verdadeiros, devem ser levados a sério (urge dar-lhes, portanto, toda a atenção);

- os pensamentos ditam o que devemos fazer; portanto, eles devem ser obedecidos;

- os pensamentos geram emoções desagradáveis se forem negativos; agradáveis se forem positivos;

- como eles estão nas origens das emoções desagradáveis, buscamos expulsá-los de nossa mente.

Quando os pensamentos não são amalgamados ou fundidos eles

- não passam de sons em nossa mente, palavras ou histórias;

- não estão necessariamente em adequação com a realidade, e então podemos legitimamente duvidar deles;

- não ditam o que devemos fazer, e então podemos optar por não obedecer a alguns deles quando não nos levam na direção que desejamos;

- não chegam a gerar em nós fortes emoções capazes de nos transtornar.

→ Dessa forma, os pensamentos negativos não devem mais ser ativamente expulsos de nossa mente. Podemos tolerá-los e esperar que desapareçam espontaneamente.

b) Práticas para desamalgamar os pensamentos

<u>Objetivo</u>: tomar distância de seu conteúdo psíquico, diminuir o impacto dos pensamentos considerando-os sequências de palavras e de sons na mente, nada mais.

 Prática n. 1: "Estou pensando que..."
Quando uma ideia opressora invade e se impõe à sua mente como, por exemplo, "sou uma nulidade", "não conseguirei", "vou falhar", reformule-a fazendo-a preceder por "**estou em via de pensar que** sou uma nulidade", "**estou em via de pensar que** não conseguirei", "**estou em via de pensar que** vou falhar"... e siga em frente!

Mãos à obra!
Evoque algum pensamento negativo em relação a si mesmo:

–..

–..

–..

Retome agora estes pensamentos e faça-os preceder por:
"estou em via de pensar que..."

–..

–..

–..

Como você se sente nestas duas fases deste exercício? Que conclusão tira?

....

....

....

Prática n. 2: O título da história

Nossa mente adora inventar histórias. De fato, os pensamentos não são palavras isoladas, mas antes frases: "Eu não estou à altura!"; "O que eles vão pensar de mim quando descobrirem o que fiz?"; "Meus pais nunca me amaram, em todos os sentidos". São histórias tão recorrentes que até podemos batizá-las. Assim, quando uma destas histórias emerge, **identifique-a por seu título**: "Vejam só, de novo a história da falta de confiança em si!"; "Outra vez a história do impostor"; "Eis de retorno a pobre criança mal-amada".

Mãos à obra! Identifique algumas ideias negativas recorrentes e lhe atribua um título (quanto mais original e engraçado, mais eficaz é a técnica: dificilmente estamos simultaneamente estressados e rindo).

Pensamento	Título

E então, como você se sente nas duas fases deste exercício? Que conclusão tira?

. . . .

. . . .

. . . .

Prática n. 3: O pensamento em música

Ah, qual besteira ainda vou fazer...

Quando uma ideia desagradável invade e se impõe à sua mente, do tipo "isso não funciona", "para que servem estas coisas...", cante-a com a melodia de uma música conhecida, por exemplo, "parabéns a você", ou outra que vier em sua mente.

Quais são as melodias que facilmente você sabe entoar?...

. . . .

. . . .

Vá em frente! Pense em algo muito desagradável e cante-o.

. . . .

. . . .

. . . .

Como você se sentiu ao longo das duas fases deste exercício? Que conclusão você tira?

....

....

....

Prática n. 4: As vozes ridículas

Não esqueça que um pensamento é definitivamente uma sequên-
cia de sons em nossa mente. Quando uma ideia perturbadora e
dolorosa inunda sua atividade mental, repita-a para si mesmo
mas com uma voz (mental) ridícula, como a do Popeye, o mari-
nheiro do desenho animado, ou uma das vozes ridículas ou
divertidas de algum conhecido programa humorístico televisivo.

Quais são as vozes que você considera ridículas ou muito divertidas?

....

....

....

Vá em frente! Pense em algo muito desagradável e associe-o a uma voz ridícula conhecida.

. . . .

. . . .

. . . .

. . . .

. . . .

. . . .

O que você acha? Como você se sentiu nas duas fases deste exercício? Que conclusão você tira?

. . . .

. . . .

. . . .

. . . .

. . . .

. . . .

. . . .

. . . .

b) Práticas para desamalgamar os pensamentos

<u>Objetivo</u>: tomar distância do conteúdo de seu psiquismo diminuir o impacto dos pensamentos considerando-os sequências de palavras na mente, nada mais.

 Prática n. 1: "Estou em via de pensar que..."

Logo que uma ideia opressora invade e se impõe à sua mente do tipo "sou uma nulidade", "não conseguirei", "vou fracassar" reformule-a fazendo-a preceder por "**estou em via de pensar que** sou uma nulidade", "**estou em via de pensar que** não conseguirei", "**estou em via de pensar que** vou fracassar"... e siga em frente!

Agora é sua vez! Evoque alguns pensamentos negativos sobre si mesmo:

-..

-..

-..

-..

come agora os pensamentos precedentes e faça-os
eceder por: "Estou em via de pensar que..."

. . . .

. . . .

. . . .

. . . .

o você se sentiu nas duas fases deste exercício? Qual
clusão tira?

. . . .

. . . .

. . . .

. . . .

. . . .

. . . .

NÃO, NÃO... NÃO É UM ERRO.

Esta página é uma repetição da precedente. Seria até mesm[o] necessário fotocopiá-la várias vezes a fim de poder pree[n]chê-la regularmente. Lembre-se: estes exercícios não deve[m] ser realizados uma única vez. São práticas que devem s[er] regularmente repetidas. Ou seja, é uma tarefa que de[ve] ser constantemente retomada.

34

(E se você se deu por satisfeito simplesmente lendo o exe[r]cício precedente, sem fazê-lo, esta é uma boa ocasião p[ara] **REALIZÁ-LO DE FATO**).

c) Quais são os pensamentos que merecem ser desamalgamados?

Felizmente nem todos os pensamentos são negativos, nocivos. Portanto, não é sensato praticar permanentemente o exercício de desamalgamar os pensamentos.

uais são, para você, os pensamentos que merecem ser desamal-amados?

. . . .

. . . .

. . . .

. . . .

Em resposta à questão precedente, podemos acrescentar:

PRESTEMOS TODA A NOSSA ATENÇÃO AOS PENSAMENTOS ÚTEIS. OU SEJA, OS QUE NOS AJUDAM:

– a sermos o tipo de **PESSOA** que gostaríamos de ser;

Que tipo de pessoa você gostaria de ser?

–...

–...

–...

–...

– a estabelecer **RELAÇÕES** que adoraríamos viver;

Que tipo de relações você gostaria de viver?

–...

–...

–...

–...

– a construir a **VIDA** como a sonhamos;

Que tipo de vida você sonha em levar?

. . . .

. . . .

. . . .

. . . .

EM RESUMO: OS PENSAMENTOS ÚTEIS SÃO IGUALMENTE OS QUE SÃO... EFICAZES.

d) E as imagens mentais?

Os sons e as palavras não são os únicos conteúdos psíquicos que surgem em nossa mente. Também existem imagens mentais. Algumas pessoas são muito sensíveis às imagens e conseguem construir para si verdadeiros cenários.

Por exemplo: estas pessoas, ao ser-lhes anunciado que um reestruturação vai ser feita na empresa em que trabalham, criam a imagem de:
- seu patrão comunicando-lhes a demissão;
- seu consorte chorando ao saber da notícia;
- faturas a serem pagas se acumulando em sua mesa;
- sua família despejada na rua por falta de pagamento d aluguel...

Cenário CATASTRÓFICO
O problema, como para os pensamentos, reside da fusão.

Uma imagem mental não passa de uma imagem mental. Nada ma A prática de desamalgamar, portanto, também se impõe aqui.

Concretamente, eis os instrumentos da prática de desamalg mar que você pode usar:

Prática n. 1: Os subtítulos
Antes de lutar contra uma imagem desagradável, acrescente-l uma legenda (por exemplo, "eis uma pobre família na rua"), se possível, humorístico ("efeito colateral da mundialização

Quais são as imagens que tendem a atormentar a sua mente?

Quais legendas você poderia acrescentar-lhes?

–..

–..

–..

–..

–..

Prática n. 2: A trama musical

Antes de lutar contra uma imagem mental desagradável, acrescente-lhe um arranjo musical. Por exemplo: o de um filme trágico, ou, ao contrário, cômico. Que tal um tema conhecido, como o de James Bond, Harry Potter ou a Pantera cor-de-rosa?

Quais são as imagens que tendem a atormentar regularmente a sua mente?

–...

–...

–...

–...

Quais arranjos sonoros você poderia acrescentar-lhes?

–...

–...

–...

–...

Prática n. 3: A alteração da imagem

Antes de lutar contra uma imagem mental desagradável, transponha-a! Imagine-a impressa em uma camiseta, em uma bandeira, em uma placa de publicidade etc. Se for um filme mental que lhe aparece, tente rodá-lo em câmera lenta, ou, ao inverso, acelerá-lo...

Quais são as imagens que tendem a atormentar regularmente a sua mente?

Qual alteração você lhes infligiria?

-..

-..

-..

-..

41

O princípio dessas técnicas é simples: ao invés de luta[r] contra a imagem, transforme-a a fim de desamalgamá-la. Um[a] imagem mental não passa de uma imagem mental. Ela nunc[a] é a realidade (mesmo que ela represente alguma coisa que [de] fato aconteceu).

III - A aceitação das emoções

Muitos dentre nós aprendemos a conter e a reprimir [as] emoções.

Quais são as mensagens que você ouviu na infância a propósito das emoções?

"isso não é correto..."

"não se deve..."

Quais foram os *exemplos* que você teve em sua vida?

"Eu nunca vi meu pai chorar."

"Quando meu irmão se enervava, perdia o controle e se tornava violento."

....

....

....

....

<u>Resultado</u>: logo que uma emoção surge, em geral buscamos **LUTAR** contra ela.

Ora, a emoção é uma reação passageira destinada a nos fazer reagir instantaneamente (muito mais rápido do que a reflexão) a acontecimentos importantes (ameaça, agressão, obstáculo, perda etc.). A partir do momento que essa mensagem é liberada, que uma reação teve lugar, ela desaparece.

Ao contrário, quando lutamos contra a emoção, tal atitude costuma provocar novas emoções, potencializando assim as reações.

Por quê?
Quando luto contra minha raiva pensando: "Eu não devia ter ficado chateado por tão pouca coisa..." "Não é bom ficar nervoso..." - Isto provoca uma contrariedade suplementar.

AMPLIFICAÇÃO

Quando luto contra a ansiedade pensando: "Isto não é terrível"; "Por que estou com tanto medo?"; "O que está acontecendo comigo?" - Isto também provoca uma ansiedade suplementar.

AMPLIFICAÇÃO

Posso também sentir-me culpado por estar nervoso ou deprimido, chateado por estar triste ou triste por estar chateado.

Quais são as emoções que você experimenta quando luta contra suas emoções?

Por exemplo: quando fracasso na tentativa de não ficar com raiva, eu experimento...

....

....

....

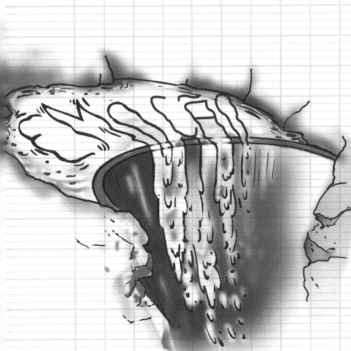

Esse círculo vicioso explica a razão pela qual a luta contra as emoções não funciona ao longo do tempo. A repressão emocional acaba sempre por ceder...

Quais são as estratégias de controle das emoções que você já experimentou?

....

....

....

E com qual sucesso ao longo do tempo??

....

....

....

Em suma, lutar contra as emoções não é nada eficaz!

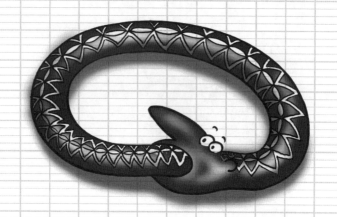

LUTAR CONTRA AS EMOÇÕES É INEFICAZ.

Se lutar contra as emoções amplifica as emoções, estaríamos então condenados a nos deixar governar por elas?

Felizmente não! A emoção é uma reação passageira, assim como os pensamentos são acontecimentos que passam por nossa mente. Basta, portanto, deixar que as emoções vivam seu ciclo de vida de emoções: nascimento, crescimento, apogeu, diminuição, morte.

Mais precisamente, trata-se d[e]
ACEITAR a emoção, isto é[,]
de tolerar sua presença em nó[s.]

Aceitar a emoção = prestar aten[-]
ção às próprias emoções corporai[s]
ao longo da emoção ao invés de faze[r]
um comentário mental a seu respeito o[u]
tentar refreá-la.

Para ajudá-lo: o processo de aceitação da emoção pode se[r]
feito em quatro etapas:

 OBSERVAR: mentalmente, percorra as diferentes partes d[o]
seu corpo, notadamente as afetadas pela emoção (suor ou calo[r]
nas mãos, batimentos mais acelerados do coração etc.). Faç[a]
uma varredura interior de seu organismo.

 RESPIRAR: as emoções deixam o corpo em alerta, preparam-[no]
para reações rápidas. Para tanto, elas aceleram o ritmo resp[i-]
ratório. Tome consciência de sua respiração e faça profund[as]
e lentas inspirações. Respire "através de suas emoções".

ABRIR ESPAÇO: Acolha todas estas sensações em você, abra-lhes espaço para que elas possam se desenvolver.

 ADMITIR A EXISTÊNCIA: não tente influenciar o processo, deixe-o existir, quer goste ou não. Se sua mente tenta fazer um comentário, qualificar o que está em via de acontecer, contente-se em deixar que o pensamento se esvaia e volte à sensação. Se necessário, agradeça à sua mente por sua intervenção.

Astúcia para desamalgamar os comentários incessantes de sua pequena voz interior: agradeça à sua mente por sua intervenção (agora você compreendeu que a luta ou o controle pela vontade eram ineficazes), e dê um passo à frente.

Exemplo: "Que trapalhada eu fiz! Sequer consegui..."

"Obrigado, mente, por este comentário!"

"Obrigado, mente! O próximo, por favor."

Eis o que se refere à teoria. Passemos agora para a prática.
Escolha um lugar onde você não será incomodado durante os
próximos minutos.

Já está pronto?

Lembre-se agora de uma lembrança estressante ou pense em alguma coisa muito desagradável.

Uma emoção está em via de aparecer.

O que você observa em seu corpo?

....

....

....

....

....

Respire calmamente; faça cinco ou seis respirações profundas. Abra espaço para o que você sente em seu corpo.

Deixe que as sensações existam sem tentar fazer comentários ou modificá-las.

Interrompa o exercício quando quiser.

O que aconteceu? O que você sentiu? Que conclusão você tira deste exercício?

. . . .

. . . .

. . . .

A LUTA CONTRA AS EMOÇÕES AMPLIFICA SUA INTESIDADE.

A ACEITAÇÃO DAS EMOÇÕES DIMINUI SUA INTENSIDADE.

Cabe a você escolher a atitude mais eficaz!

Os julgamentos e os rótulos

Os cenários catastróficos

Os pensamentos negativos

Não são eficazes!
Isto não o ajuda a fazer melhor o que
você está em via de fazer.

Os comentários depreciativos sobre você mesmo

As emoções dolorosas

Quanto mais você luta, mais perde sua energia, e menor é a eficácia!

O comportamento mais eficaz consiste em aceitar estes acontecimentos por aquilo que eles são, isto é, como acontecimentos mentais, e deixar que eles povoem o céu de sua mente. E sem lutar contra eles, pois isto lhes daria energia e consumiria a sua. Concentre a atenção naquilo que você faz.

IV - Escolher o tipo certo de ações

Então, o que fazer?

Até agora tentamos **diminuir o potencial perturbador** dos comentários mentais, as ideias parasitas, as imagens mentais negativas e suas emoções desagradáveis.

Quanto menor a perturbação, maior é a energia consagrada à ação. Isto significa, portanto, **mais eficácia**, não importando a ação empreendida.

Mas que tipo de ação escolher?

Quando buscamos a eficácia pessoal, não visamos simplesmente o sucesso, mas o que se esconde por detrás dele.

O que será do dia em que você tiver conquistado o sucesso *desejado*?

POR EXEMPLO: QUANDO VOCÊ TIVER SE TORNADO RICO?

VOCÊ PODERÁ TRABALHAR MENOS

MAS COM QUAL INTERESSE?

VOCÊ PODERÁ CONSAGRAR MAIS TEMPO ÀS COISAS QUE MAIS APRECIA.

Antes que ambicionar a riqueza, você faria melhor se, **DESDE JÁ**, consagrasse mais tempo às atividades que mais aprecia!

O que você busca alcançar em sua vida?

1..

....

2..

....

3..

....

4..

....

5..

....

Em seguida, quanto aos seus desejos, coloque a questão relativa ao que se esconde por detrás de cada um deles.

....

....

....

....

Eis algumas pistas para ajudá-lo a enxergar mais claramente.

Desejo: encontrar o amor.

Por quê?
- viver uma bela relação de confiança e de cumplicidade;
- compartilhar atividades e passeios com esta pessoa.

Você busca, portanto, desenvolver a confiança, a cumplicidade e a partilha das atividades

Desejo: encontrar um trabalho gratificante

Por quê? — desenvolver minhas competências;

— conquistar reconhecimento;

— passar meu tempo realizando tarefas construtivas.

Você busca, portanto, consagrar-se a atividades que tenham sentido e lhe permitam aprender mais.

Desejo: tornar-se mais sereno

Por quê? — nutrir melhores relações com meus próximos;

— apreciar mais a vida.

Você busca, portanto, alimentar vínculos de qualidade com seus próximos e aprender a usufruir da vida.

Certamente você já se deu conta de que os desejos manifestados se referem ao futuro, e não dependem de você.

Ao passo que as aspirações recapituladas dizem respeito **AO PRESENTE**, e dependem de você.

É isso, a eficácia: encontrar aquilo que você pode efetivamente fazer no presente para levar a vida que deseja.

Como, desde agora, você pode desenvolver a confiança em outrem, a cumplicidade com outras pessoas? Como você pode aprender e consagrar tempo a atividades que fazem sentido?

Como você poderia desenvolver sua capacidade de usufruir dos benefícios da vida?

SER EFICAZ, VISANDO A MELHORAR A SUA VIDA, É AGIR CONCRETAMENTE PARA TORNÁ-LA MAIS AGRADÁVEL E MAIS RICA DE SENTIDO.

O que você pode fazer concretamente, desde agora, para tornar sua vida mais agradável e mais rica de sentido?

<u>Lembre-se</u>: não podemos partir senão do lugar em que estamos! Primeiramente **ACEITAR** de estarmos lá e não alhures (por exemplo, onde gostaríamos de estar, mas que não é a realidade do aqui e do agora); em seguida, **ENGAJAR-SE** a dar um pequeno passo na direção daquilo que nos interessa e que pode efetivamente tornar nossa vida mais bela, aqui e agora.

59

Passe em revista as diferentes ações que você tende a realizar em seu cotidiano. Elas contribuem para tornar a sua vida mais bela e mais rica de sentido?

....

....

....

Por quais outras ações você poderia substituir as que não contribuem para o enriquecimento de sua vida?

Ação	Vida mais rica de sentido?	Alternativa
assistir televisão	não verdadeiramente	conversar com os amigos

A lista precedente, a partir do momento que foram enunciadas as ações que dependem de você, representa os **VALORES** cultivados por você, o que realmente importa em sua vida.

Estes valores são os seus guias. Guias muito mais confiáveis do que os objetivos que você se estabelece. Pois, depois de alcançar um destes objetivos, o que você faria? Proporia novos objetivos?

Alcançar um objetivo não é o mais importante. Pois, logo que você o alcança, outro aparecerá, e assim sucessivamente: ganhar mais, morar em uma casa mais luxuosa, ter mais sucesso, viajar na primeira classe, subir na hierarquia etc., um ciclo infinito...

Nós não alcançamos os valores de uma vez por todas. Trabalhamos neles uma vida inteira, e é o que lhe dá sentido.

61

Quais são nossos valores? O que é que, de fato, mais importa em nossa vida?

Conclusão

Em nossa opinião, existem coisas que não podemos controlar totalmente: nossos pensamentos e nossas emoções. É assim que determinados pensamentos negativos, autodesvalorizações cenários catastróficos, raivas e angústias às vezes se nos impõem.

Se tentarmos lutar contra eles, desperdiçaremos nossa energia e a vitória, se ela vier, só será provisória, já que imediatamente outros pensamentos e outras emoções passarão a povoar a nossa mente.

Ao contrário, podemos aprender a aceitar estes acontecimentos como são, ou seja, nada além de acontecimentos psíquicos Assim cessamos a luta e os deixamos existir, constando que eles perdem intensidade e acabam desaparecendo por si mesmos.

Assim podemos consagrar toda nossa energia naquilo que podemos controlar totalmente: nossas ações. E, então, podemos decidir agir, aqui e agora, em função daquilo que realmente importa.

É assim que trilhamos nossos passos no caminho da eficácia pessoal, um caminho na direção de uma vida mais prazerosa e mais rica de sentido. Enfim, um caminho sobre o qual vale a pena caminhar.

Bom caminho!

Coleção Praticando o Bem-estar
Selecione sua próxima leitura

- ❑ Caderno de exercícios para aprender a ser feliz
- ❑ Caderno de exercícios para saber desapegar-se
- ❑ Caderno de exercícios para aumentar a autoestima
- ❑ Caderno de exercícios para superar as crises
- ❑ Caderno de exercícios para descobrir os seus talentos ocultos
- ❑ Caderno de exercícios de meditação no cotidiano
- ❑ Caderno de exercícios para ficar zen em um mundo agitado
- ❑ Caderno de exercícios de inteligência emocional
- ❑ Caderno de exercícios para cuidar de si mesmo
- ❑ Caderno de exercícios para cultivar a alegria de viver no cotidiano
- ❑ Caderno de exercícios e dicas para fazer amigos e ampliar suas relações
- ❑ Caderno de exercícios para desacelerar quando tudo vai rápido demais
- ❑ Caderno de exercícios para aprender a amar-se, amar e – por que não? – ser amad(a)
- ❑ Caderno de exercícios para ousar realizar seus sonhos
- ❑ Caderno de exercícios para saber maravilhar-se
- ❑ Caderno de exercícios para ver tudo cor-de-rosa
- ❑ Caderno de exercícios para se afirmar e – enfim – ousar dizer não
- ❑ Caderno de exercícios para viver sua raiva de forma positiva
- ❑ Caderno de exercícios para se desvencilhar de tudo o que é inútil
- ❑ Caderno de exercícios de simplicidade feliz
- ❑ Caderno de exercícios para viver livre e parar de se culpar
- ❑ Caderno de exercícios dos fabulosos poderes da generosidade
- ❑ Caderno de exercícios para aceitar seu próprio corpo
- ❑ Caderno de exercícios de gratidão
- ❑ Caderno de exercícios para evoluir graças às pessoas difíceis
- ❑ Caderno de exercícios de atenção plena

- ❑ Caderno de exercícios para fazer casais felizes
- ❑ Caderno de exercícios para aliviar as feridas do coração
- ❑ Caderno de exercícios de comunicação não verbal
- ❑ Caderno de exercícios para se organizar melhor e viver sem estresse
- ❑ Caderno de exercícios de eficácia pessoal
- ❑ Caderno de exercícios para ousar mudar a sua vida
- ❑ Caderno de exercícios para praticar a lei da atração
- ❑ Caderno de exercícios para gestão de conflitos
- ❑ Caderno de exercícios do perdão segundo o Ho'oponopono
- ❑ Caderno de exercícios para atrair felicidade e sucesso
- ❑ Caderno de exercícios de Psicologia Positiva
- ❑ Caderno de exercícios de Comunicação Não Violenta
- ❑ Caderno de exercícios para se libertar de seus medos
- ❑ Caderno de exercícios de gentileza
- ❑ Caderno de exercícios de Comunicação Não Violenta com as crianças
- ❑ Caderno de exercícios de espiritualidade simples como uma xícara de chá
- ❑ Caderno de exercícios para praticar o Ho'oponopono
- ❑ Caderno de exercícios para convencer facilmente em qualquer situação
- ❑ Caderno de exercícios de arteterapia
- ❑ Caderno de exercícios para se libertar das relações tóxicas
- ❑ Caderno de exercícios para se proteger do Burnout graças à Comunicação Não Violenta
- ❑ Caderno de exercícios de escuta profunda de si
- ❑ Caderno de exercícios para desenvolver uma mentalidade de ganhador
- ❑ Caderno de exercícios para ser sexy, zen e feliz
- ❑ Caderno de exercícios para identificar as feridas do coração
- ❑ Caderno de exercícios de hipnose